Je veux faire des bêtises !

Marie-Sophie Vermot

Je veux faire des bêtises !

Illustrations de
Jean-Claude Götting

Pour Victor, Héloïse,
Pierre et Charlotte
M.-S.V.

MILAN POCHE

CHAPITRE 1

Marre d'être sage !

Je regarde Maman qui découpe des radis en forme de fleur. Elle a son petit air satisfait. Celui qu'elle prend quand tout va comme elle le désire. Il fait beau. Elle a bouclé tous ses dossiers embêtants à son bureau. Il n'y avait pas de circulation et elle est rentrée à la maison de bonne heure. Je l'attendais sagement à la garderie. Je n'avais qu'une lecture et un exercice de maths à faire comme devoirs, et je les ai faits à l'étude. Papa ne va pas tarder. Ce sont toutes ces raisons qui donnent à Maman l'occasion de prendre son petit air satisfait.

Elle me regarde et m'adresse un sourire rayonnant :

– Nicolas, me dit-elle, si tu allais prendre ta douche tout de suite ? On pourrait dîner dès que Papa sera là.

Je dis oui, d'accord, j'y vais. Et j'y vais. Je passe par ma chambre pour prendre mon pyjama et je jette un coup d'œil meurtrier à l'horrible réveil que mes parents m'ont offert à Noël dernier. Un réveil-fusée. Le cadran figure au sommet, sur le triangle de la carlingue. Et tout en bas, il y a une porte qui s'ouvre lorsque le réveil sonne. Un bonhomme habillé en cosmonaute en jaillit comme un diable et il klaxonne :

– RÉVEILLE-TOI, TU ES LE HÉROS DU JOUR !

Ce réveil est débile, mais je n'ai pas encore eu le courage de le casser. Tous les matins, il sonne à six heures quarante précises, le cosmonaute sort de la carlingue et entonne son petit couplet. Je le laisse faire son numéro deux fois, et ensuite, j'appuie sur l'extrémité de la fusée pour avoir la paix. C'est à ce moment-là que j'entends l'eau de la douche de Papa, dans la salle de bains voisine. Alors je me lève, et je vais retrouver Maman, à la cuisine, pour avaler mes céréales-yaourt-banane.

Mes parents disent que je suis super, comme garçon. J'ai huit ans et demi et je sais faire plein de trucs tout seul ; des trucs qui leur facilitent la vie, à mes parents. Comme, m'habiller en faisant bien attention que les couleurs s'accordent entre elles. Comme, mettre au sale mes affaires, et non sous mon lit. Comme, débarrasser mon assiette, la rincer et la ranger dans le lave-vaisselle. Comme, faire mes devoirs sans en oublier. Comme, ranger mes jouets et encore plein d'autres choses que j'oublie, tellement je suis habitué à les faire.

Ma mère se vante auprès de ses copines. Elle leur raconte que je ne fais jamais de colère (vrai), que je ne rechigne jamais à me lever le matin (assez vrai), que j'ai de bonnes notes à l'école (pas toujours vrai), que j'aime bien rester à la garderie de l'école tôt le matin et tard le soir (absolument faux).

La vérité, la vraie vérité, c'est que j'ai compris l'inutilité de m'opposer à ce que réclament les grandes personnes. Mon raisonnement est le suivant : si je proteste, les gens vont s'énerver, insister, me faire la morale pendant une heure, et au bout du compte, je serai QUAND MÊME obligé de faire le truc qu'ils m'avaient demandé au départ. La seule différence sera que j'aurai perdu une heure. En plus, j'ai hor-

reur de faire des histoires pour rien. Alors, quand une chose m'embête, je me dis : autant la faire vite, comme ça, après, j'en serai débarrassé. Le problème, c'est qu'après m'être débarrassé de cette chose, il y en a une autre qui m'attend, puis une autre et encore une autre. Par exemple, je déteste me lever de bonne heure. Seulement, mes parents travaillent comme des fous. Alors je me dis que, si je me dépêche, ils seront de bonne humeur et puis nous prendrons le petit déjeuner en rigolant. La plupart du temps, c'est comme ça que ça se passe, d'ailleurs. On rigole bien. Ensuite, nous partons tous les trois en voiture et là, ils me déposent à la garderie de l'école. Je DÉTESTE la garderie. D'abord, parce que mes copains n'y vont pas. Ils n'y vont surtout jamais le matin. Mes copains arrivent à huit heures trente, comme la plupart des élèves. Quelquefois, ils arrivent alors que les rangs sont déjà formés. Martin, surtout. Il est toujours en retard. Il dit à la maîtresse que sa mère est à la bourre. C'est son excuse. Ensuite, il se tourne vers moi et il me dit :

– T'as vachement du bol d'aller à la garderie, Nicolas, au moins, t'es jamais en retard.
Moi, je proteste. On voit bien qu'il n'a pas passé une heure à poireauter en regardant les bandes dessinées que je connais par cœur, ni à éviter par tous les moyens ce casse-pieds de Baptiste Lelouche qui me cherche toujours des noises alors que je ne suis même pas dans sa classe.
Voilà. Bien sûr, je me dis : autant supporter la garderie, après tout, ça ne va pas durer longtemps. Le problème, c'est que juste après, je suis obligé d'aller dans la cour de récréation, et là, j'attends mortellement que mes copains arrivent. Je me place à proximité du portail et je guette. Tout un flot de voitures se range devant l'école, déversant des grappes d'élèves. Mais pas mes copains. Mes copains sont toujours les derniers.
Enfin, la cloche sonne et nous rentrons en classe. La plupart du temps, nous commençons par une leçon de maths. Je déteste.
Mes parents ignorent combien je DÉTESTE les maths. Maman continue à se vanter. Elle raconte

à ses copines que je suis déjà TRÈS FORT en maths. Très logique, précise-t-elle. Ce qu'elle estime normal, puisque Papa et elle sont comptables. La réalité est très différente. Je mélange tout. Je ne comprends rien. Quand la maîtresse commence à parler, j'ouvre grand mes oreilles mais, au bout de quelques minutes, je me mets à penser à mon lit et à ce satané réveil qui m'a mis de mauvaise humeur. Alors, j'essaie d'imaginer un moyen de le réduire en bouillie, sans faire de peine à mes parents. Après tout, ce sont eux qui me l'ont offert, ce réveil. Mais pendant que je réfléchis, la maîtresse termine son explication et nous passons aux exercices. Le pire commence réellement quand elle annonce :

– Nicolas, au tableau !

Je me mets debout. J'avance d'un pas lourd, mais lourd ! J'espère toujours que la maîtresse va changer d'avis, le temps que j'atteigne le tableau. Mais non. Elle me commande un exercice et elle attend la réponse en me regardant, un petit sourire aux lèvres. Bien entendu, je m'emmêle les pédales. Je commence à gribouiller quelques chiffres. Je pose une opération. Ce n'est pas la bonne. La maîtresse fronce les sourcils :

– Voyons un peu, Nicolas. Tu dormais pendant que j'expliquais la leçon ?

Je ne réponds pas à une insinuation pareille. Je fronce les sourcils, moi aussi, et j'essaie de comprendre. Dans ma famille, tout le monde est fort en maths. Pourquoi pas moi ?

La maîtresse reprend son explication et me donne un tuyau. Alors je comprends, soudain, et le reste de l'exercice coule de source.

Je retourne à ma place, tout content. Seulement, au lieu de continuer à suivre la leçon, je repars dans mes rêveries. Comment mettre K.-O. ce maudit réveil ?

C'est ainsi que d'heure en heure, il m'arrive d'autres ennuis. Comme de faire tomber mon plateau à la cantine, ou de verser du sucre en poudre sur mes frites. Martin me suggère de jeter mes frites sucrées et d'aller en réclamer d'autres en expliquant ce qui m'est arrivé. Mais je n'ai pas ce cou-

rage qui va entraîner, forcément, des discussions à n'en plus finir. Alors, je mange mes frites sucrées. Sur le cadran de l'horloge, les aiguilles tournent, et bientôt, je me retrouve à la garderie du soir. Je dis salut à mes copains et je vais rejoindre Baptiste Lelouche, qui est un véritable imbécile mais aussi le seul garçon de la garderie de mon âge. Tous les autres sont des petits. Voilà un autre problème. Un problème que je ferais bien de soumettre à mes parents. POURQUOI, à huit ans et demi, suis-je donc obligé d'aller à la garderie avec des gamins minuscules + Baptiste Lelouche ? Baptiste Lelouche doit absolument rester à la garderie, parce qu'il est infernal. C'est sa mère qui l'a dit à la mienne. Elle ne peut pas le laisser seul une minute sans surveillance. Ce qui est vrai. L'année dernière, cet imbécile était dans ma classe et il a fait tellement de bêtises qu'il n'a pas eu le temps d'ingurgiter le programme (ça, c'est la maîtresse de CE1 qui l'a dit à sa mère), ce qui fait qu'il a redoublé.

Tout ça pour dire que mes journées sont remplies de choses embêtantes, et ce soir, j'en ai marre.

J'attrape mon pyjama et je file dans la salle de bains pour prendre ma douche. Tandis que l'eau coule, je me mets à penser à mon oncle Adrien qui a passé très peu de temps à l'école, mais est devenu un inventeur de génie. Alors je me dis qu'il y a peut-être quelque chose à creuser de ce côté-là…

CHAPITRE 2

Le phénomène du siècle

Ma grand-mère prétend qu'Adrien est un phénomène rare. Un phénomène rare ne se rencontre qu'une fois par siècle, environ. Je pense que j'ai beaucoup de chance de l'avoir pour oncle, ce phénomène. En fait, Adrien est mon grand-oncle, puisqu'il est le frère de Grand-Mère. Quand on le voit pour la première fois, on a du mal à le prendre au sérieux. D'abord, il est petit. Très petit. Il me dépasse d'une tête, pas plus. Baptiste Lelouche me dépasse d'une demi-tête, c'est tout dire. Je parie qu'à son entrée en sixième, Baptiste Lelouche sera plus grand que mon oncle Adrien. Ensuite, Adrien est très maigre. Fluet, dit Papa.

Ce qui est bizarre, c'est que son corps est fluet, mais pas sa tête. Sa tête est toute ronde et orange comme un abricot, avec, de chaque côté de son crâne, deux boules de cheveux blancs. Quand j'étais petit, j'avais donné à mon oncle le surnom de Boules de coton. À cause de sa coiffure. Maintenant, je suis habitué à sa tête, alors je l'appelle juste Adrien. À part les détails concernant son physique, Adrien est un oncle parfait. Il est inventeur. Il invente des appareils qu'il destine à l'aéronautique. Il les invente, ces appareils, depuis plus de cinquante ans. C'est dire s'il est connu. Quand on lui demande s'il envisage de prendre sa retraite, Adrien frotte l'une de ses boules de cheveux et il dit :

– Ma foi, tant que le cerveau fonctionne, autant continuer.

– Et pendant combien de temps ça fonctionne un cerveau ? je lui demande.

– Eh bien, ça dépend des gens, réplique Adrien, toujours en tripotant l'une de ses boules de cheveux.

Le sien, de cerveau, est loin de prendre sa retraite, je peux vous l'assurer. Il marche encore très bien. Une idée à la minute, c'est presque sa moyenne. Bon, j'exagère, mais à peine.

Il aime son métier, Adrien, et il n'est pas vantard pour deux sous. La seule chose pour laquelle il fait le malin, c'est l'école, et moi, le chapitre de l'école, c'est celui que je préfère dans l'histoire d'Adrien. D'abord, quand il était petit, Adrien, il ne fichait rien en classe. Mais rien du tout. Sa maman en était désespérée. Elle, elle l'imaginait futur médecin, ou futur avocat. Elle disait qu'elle mettait tous ses espoirs en lui. Mais Adrien, ce qui l'intéressait, c'était de démonter un robinet pour voir comment c'était fabriqué à l'intérieur. Ou bien de percher l'une des potiches de sa mère sur le toit de la maison, puis d'observer sous quel angle elle avait le moins de risque de tomber par vent fort. À l'école, il passait le plus clair de son temps à dessiner dans la marge de ses cahiers. Pas des oiseaux ni des fleurs, ni des niaiseries de ce genre, non. Adrien dessinait des appareils. Des avions, ou des choses qui y ressemblaient, et plein d'autres bidules qui, aux dires de son instituteur, n'avaient aucun sens.

Adrien a quitté l'école à quatorze ans et il est devenu coursier dans une entreprise qui construisait des moteurs de voitures. Là, il a commencé à avoir de la chance, parce que l'un des ingénieurs de l'usine a remarqué ses dessins, et il a pris Adrien sous son aile.

Ensuite, Grand-Mère explique à qui veut l'entendre que la chance n'aurait jamais suffi si son frère ne s'était pas mis à étudier la physique avec sérieux, toujours sous l'influence de l'ingénieur. L'expression favorite de Grand-Mère est :

– Ah ! Adrien ! Il en a avalé des formules avant de mettre au point toutes ses inventions.

•••

C'est en repensant à cela que j'ai eu une idée supergéniale. Avaler des formules. Après tout, pourquoi pas ? C'est un bon plan, je crois. Et puis, j'appartiens à la famille du phénomène du siècle. Alors, avaler quelques formules devrait me réussir.

Je m'imagine déjà supersavant. Premier de la classe et tellement supersavant que les maîtresses seraient OBLIGÉES de me faire sauter une classe. Peut-être même, deux classes. Et ensuite, adieu la garderie. Parfaitement. On n'a jamais vu un supersavant à la garderie. C'est un truc qui se saurait.

Je suis vraiment content de mon idée. Reste à mettre mon plan au point pour trouver une superformule.

Au moment d'aller au lit, je suis tellement excité que je n'arrive pas à m'endormir. Ensuite, je fais un rêve tout biscornu. Je suis assis dans la classe, à ma place habituelle. Je suis habillé avec mes habits de Nicolas et pourtant, à la place de mes cheveux, j'ai deux boules de coton de chaque côté de la tête. La maîtresse m'envoie au tableau pour résoudre un problème. Sur le tableau, il y a plein de chiffres dans tous les sens et moi, en un rien de temps,

je range tous les chiffres dans des opérations. On dirait que je suis un supermagicien des chiffres. Tout à coup, on entend un énorme grondement. Une fusée passe par la fenêtre de la classe. Elle se pose devant mon nez, puis sa porte s'ouvre et un abruti de cosmonaute surgit et me dit :

– Ramène-toi, Nicolas, on va faire un tour.

Je monte dans la fusée qui se remet aussitôt à vrombir. Il y a un vent terrible à tel point que mes boules de coton manquent de s'envoler. Puis la porte de la fusée se referme derrière moi et nous décollons. Enfin, une affreuse sonnerie retentit autour de mes oreilles et une voix se met à brailler :

– RÉVEILLE-TOI, TU ES LE HÉROS DU JOUR !

Je m'assieds sur mon lit, tout ensommeillé, et j'abats un coup de poing sur mon maudit réveil. Je suis de très mauvaise humeur.

Heureusement, en m'habillant, je me rappelle mon superplan, et du coup, je me dépêche.

– Tu as l'air tout joyeux, ce matin, Nicolas, me fait remarquer mon père tandis que la voiture se fraye un passage devant l'école.

Voilà encore une preuve que mes parents ne comprennent rien, mais alors rien du tout à ma vie. Je ne suis pas joyeux. Je suis pressé de trouver une formule à me mettre sous la dent. Il y a une différence, non ?

Pour une fois, la garderie passe très vite. Peut-être parce que l'idée d'aller chercher une formule m'empêche de m'ennuyer. Dès que la sonnerie retentit, je file dans la cour de récréation. Des voitures stationnent devant les grilles, comme d'habitude, mais aujourd'hui, je ne vais pas perdre mon temps à guetter mes copains. Je dispose d'une demi-heure pour aller fureter dans la classe, avant l'arrivée de la maîtresse. Ce qu'il me faudrait, c'est le gros cahier dans lequel elle note tout ce qu'elle va nous apprendre. Je pourrais détacher une page de maths et la manger tranquillement en attendant la sonnerie. Dans le cahier de la maîtresse, les formules ne contiennent pas d'erreurs.

Et me voilà parti dans les couloirs, l'air affairé. Si je croise quelqu'un, je dirai que j'ai perdu mon blouson. C'est une chose qui marche toujours, la perte d'un vêtement. D'abord parce que les maîtresses ne sont pas bêtes, elles savent bien qu'un blouson ça coûte cher, et de plus, ça les agace toujours de devoir en chercher un. Elles n'ont pas une minute à perdre, les maîtresses. Alors, elles nous disent :

– Bon, débrouille-toi pour le retrouver, ton blouson ; tu n'as qu'à faire tous les portemanteaux.

Donc, je progresse ainsi jusqu'à ma classe et, coup de chance, je ne croise aucune maîtresse. Par contre, en arrivant devant ma salle, j'essaie d'ouvrir la porte, mais elle est fermée à clef.
Je reste quelques minutes à me demander quoi faire. J'ai toujours la ressource du coup d'épaule pour défoncer la porte, comme dans les films, mais je ne suis pas sûr de réussir du premier coup, alors j'abandonne.
Sur le chemin du retour, j'essaie d'ouvrir les portes des autres salles de classe. Mais c'est pareil, elles sont toutes bouclées, sauf celle du CM2 de Mlle Carne. Je ne sais pas pourquoi on appelle cette maîtresse mademoiselle, car elle est très vieille. Elle a au moins quatre-vingts ans. Elle est très vieille et très méchante, toujours de mauvaise humeur. Je la trouve assise à son bureau et aussitôt, je referme la porte, prêt à me sauver. C'est alors que j'entends son cri aigu qui me rappelle :
– Dis donc, TOI !
Je reviens sur mes pas, tout penaud, et j'attends. Mlle Carne est devant moi, son affreux visage ridé

de sorcière tout grimaçant :
– Qu'est-ce que tu fabriques dans les couloirs à cette heure ? me demande-t-elle en me toisant d'un air mauvais.
– Euh… J'avais perdu mon blouson, lui dis-je d'une voix enrouée.
– Et que tiens-tu dans ta main ? Peux-tu m'expliquer ? poursuit-elle en désignant mon blouson, justement.
– Je… Je viens juste de le retrouver !
Je n'ose lever les yeux sur elle. Je parie que c'est le genre de sorcière capable de vous transformer en crapaud, d'un seul regard.

Elle n'ajoute rien mais elle pousse un nouveau rugissement :

– FILE !

Je n'en demande pas plus et je cavale en direction de la cour de récréation sans me retourner.

Tout le monde est déjà en rang, et, comme d'habitude, mes copains sont en retard. Je prends ma place dans le rang et je recommence à réfléchir. Comment trouver très vite une superformule ?

•••

Finalement, j'en trouve deux, sans trop d'efforts. La première, dans la corbeille à papier de la maîtresse. Ma maîtresse ADORE les maths. Sa formule doit donc être excellente. Je la mâche discrètement et je réussis à l'avaler péniblement. Pour mettre toutes les chances de mon côté, j'en vole une autre dans le cahier de brouillon d'Amélie Toubon, qui est la première de la classe. J'arrache cette feuille, très précieuse, car elle ne contient certainement aucune erreur. Je la réduis en minuscules morceaux et je passe presque tout la leçon de maths à l'ingurgiter. Pour avaler tous ces chiffres, je suis obligé de faire très attention car je ne veux pas que mes voisins me demandent pourquoi je me mets soudain à manger du papier.

C'est pourtant ce qui finit par arriver. Enfin, pas tout à fait, mais presque. Une fille, la voisine d'Amélie, Cora Lepiquet, me voit avaler un petit morceau de papier et elle s'écrie :

– Oh ! Regardez ! Nicolas a tellement faim qu'il mange du papier !

Aussitôt, toute la classe se tourne vers moi. Un autre élève, Lucien Toiture, se visse l'index sur la tempe en faisant :

– Ouh ! Il mange du papier ! Hé ! Papier, t'as faim ? Tu veux mon cahier ?

Bien entendu, tout le monde ricane et me colle ce surnom débile de Papier. La maîtresse a beaucoup de mal à rétablir l'ordre. Pour finir, elle s'adresse à moi sur un ton exaspéré :

– Voyons, Nicolas, sois un peu sérieux !

Sérieux. Mais qu'est-ce qu'elle croit ? Bien sûr que c'est sérieux ce que je fais.

•••

Quand vient l'heure de la cantine, je n'ai pas faim du tout. Je me sens bizarre. Un peu comme si j'avais du ciment dans l'estomac.

– C'est normal, me dit Lucien Toiture, le papier mélangé au liquide de ton estomac, ça se transforme en une sorte de ciment épais. Mon pauvre vieux, ajoute-t-il en vissant son index contre sa tempe.

Martin me suggère de ne pas écouter ce genre de bêtises. J'essaie de suivre son conseil mais la pensée d'avoir du ciment dans l'estomac ne me quitte pas et je finis par sortir dans la cour pour m'asseoir sur un banc au soleil. Martin vient me rejoindre au bout d'un petit moment :

– Tu veux que j'appelle la maîtresse ? me demande-t-il.

– Pour quoi faire ?

– Ben, pour qu'elle téléphone à ta mère de venir te chercher. Tu es tout blanc ! Tu as envie de vomir ?

Je fais non de la tête. Je n'ai pas envie de vomir du tout. Je n'ai même pas mal au ventre. Je me sens juste un peu rempli et, si j'arrête de penser au ciment, ça ne va pas si mal que ça. Mais l'idée de Martin me trotte dans la tête. Appeler ma mère et lui dire que je suis malade. Comme ça, pas de garderie. Super !

Alors, je fais oui de la tête, en regardant mes baskets.

– Oui quoi ? me demande Martin. Tu as envie de vomir ?

– Non, je murmure, mais je veux bien que ma mère vienne. J'ai très mal au ventre.

– OK, fait Martin en bifurquant vers le bureau de la directrice.

Et voilà. Je reste sur mon banc au soleil et je regarde les élèves qui jouent autour de moi. Là-bas, près du grillage, j'aperçois Baptiste Lelouche qui mijote sûrement une bêtise et je pense : « Le pauvre, il ne va pas échapper à la garderie, lui ! »

CHAPITRE 3

J'ai menti

Dans la voiture qui me ramène à la maison, Maman me bombarde de questions. Qu'est-ce que j'ai eu pour déjeuner à la cantine ? Est-ce que j'ai envie de vomir ? Est-ce que je me sens fiévreux ? Etc.

Je n'ai pas le temps de répondre que déjà fuse une nouvelle question. Dans un sens, ça tombe bien car je n'ai préparé aucune réponse. Tout à coup, je prends conscience d'une chose extraordinaire : j'ai menti. Depuis ce matin, j'ai osé dire deux mensonges. Le premier à Mlle Carne et le second à ma mère. J'AI MENTI ! Et contrairement à ce que j'imaginais, ces deux mensonges ne m'ont apporté que des agréments. Premièrement, Mlle Carne m'a laissé filer sans punition, alors que TOUT – ÉLÈVE – SURPRIS – DANS – LE – COULOIR – PAR – Mlle CARNE – RECUEILLE – OBLIGATOIREMENT – UNE – PUNITION. Et deuxièmement, Maman est venue me chercher sans discuter. Elle a laissé ses précieux dossiers en rade et m'emmène à la maison. Merveilleux.

D'habitude, je n'ose jamais mentir. J'ai peur des conséquences. Me faire piquer et déclencher un conflit. Et ensuite, gare aux représailles ! Par exemple, je ne m'avise jamais de dire à ma mère que je me sens malade, le matin, juste avant de partir pour l'école. Parce que, aussitôt, Maman prendrait son air inquiet et sauterait sur le téléphone pour appeler le docteur. Je déteste les docteurs, pour la bonne raison qu'ils finissent presque toujours par sortir une seringue de leur trousse d'urgence. Ils vous assurent que :

– N'aie pas peur, mon garçon, ça ne va pas te faire mal du tout.

Alors, vous, vous lui faites confiance au médecin. Vous dites : « D'accord », et vous lui tendez votre bras ou votre épaule. Quelquefois, la piqûre se pratique dans les fesses, ce qui est encore pire. Parce que, en plus de la peur que vous éprouvez à la vue de la seringue, il y a la honte de devoir montrer ses fesses au docteur.

Pendant ce temps, le docteur vous répète de vous détendre :

– Je t'ai dit que ça ne te fera pas mal.

Juste à ce moment-là, la seringue vous transperce la peau et, écoutez un peu : ça fait TRÈS MAL. Un mal de chien. Pendant ce temps, vous devez serrer les dents parce que vous avez promis de ne pas pleurer. En tout cas, c'est ce que je fais, moi. La barbe ! À partir de maintenant, je trouverai un mensonge pour éviter le docteur. Justement, Maman vient de prononcer le mot fatidique :

– … je préférerais quand même savoir ce que le docteur Duminois en pense !

– Hein ? Quoi ? je hurle en sursautant.

– Je dis, répète Maman en me glissant un regard en biais, que tu vas prendre ta température en arrivant à la maison. Si tu as de la fièvre, je préfère que nous allions voir le docteur ce soir. Demain, j'ai une réunion importante au bureau et je ne veux pas être en retard.

Je hoche la tête. Bon, je vais la prendre cette température de malheur, puisqu'il le faut.

•••

Arrivé à la maison, je cours dans la salle de bains à la recherche du thermomètre. Le thermomètre, chez nous, est une antiquité avec du bidule dedans. Du mercure.

Je ne fais pas la bêtise de mettre cette antiquité sous le robinet d'eau chaude comme l'a fait un jour mon copain Samuel. Le thermomètre a éclaté et sa mère a deviné ce qui s'était passé. Les mères sont très malignes. On l'oublie souvent.

Moi, j'ai une autre technique. Je retourne le thermomètre la tête en bas, et je secoue un peu jusqu'à ce qu'il atteigne trente-sept quelque chose. Bon. Je crois me souvenir que la température normale chez les humains se situe dans cette zone, Maman me l'a assez répété.

Ensuite je crie :

– Maaaman !

Elle arrive, très essoufflée, un peu inquiète aussi.

– Alors ? fait-elle en m'arrachant le thermomètre des mains. Quoi ? Trente-sept tout rond ? Tu es sûr ? ajoute-t-elle.

– Pourquoi ? je demande avec un petit pincement de frayeur. (Et si je m'étais trompé, si trente-sept était synonyme de grosse fièvre, après tout ?)

– Eh bien, dit Maman en poussant un long soupir de soulagement, tu n'es pas malade du tout. Tant mieux. Et ce mal de ventre, au fait ?

– Euh… je n'ai plus qu'un tout petit mal, je murmure.

– Où ? me demande Maman.

– Là.

Je désigne le dessus du nombril. Maman appuie doucement sur mon abdomen et je me mets à rigoler.

– Tu me chatouilles !
Elle rit aussi et m'annonce qu'elle a des coups de téléphone à passer.
– Sois sage, ajoute-t-elle en sortant de la salle de bains.

•••

Sage, moi ? Comme si ce n'était pas dans mes habitudes. Je vais dans ma chambre et je regarde tous mes jouets bien en ordre sur les étagères. Chez mes copains, on peut à peine mettre un pied devant l'autre dans leur chambre, tellement il y a de désordre. La mère de Martin pousse des cris d'horreur chaque fois qu'elle ouvre la porte.
Quelquefois, quand elle est vraiment en colère, elle oblige Martin à TOUT ranger avant d'aller jouer ou de regarder la télé.
Bien sûr, ça lui prend des heures, à Martin, de tout remettre en ordre. Moi, quand j'ai fini de jouer à un truc, je le range avant d'en sortir un autre. C'est ma mère qui m'a appris ça. C'est idiot, je trouve. Parce que des fois, on ne sait vraiment pas à quoi jouer. Alors, si tous les jeux sont par terre, au milieu

de la chambre, on les a tout de suite sous les yeux et ça nous donne des idées. C'est pratique. Plus besoin de se creuser la tête pour savoir ce qu'on va faire.

Là, j'ai une superenvie de sortir mes Lego. Je tends la main vers la grosse caisse en plastique rouge remplie à ras bord et juste à ce moment-là, j'entends Maman qui me crie :

– Nicolas ? Tu penses à tes devoirs, mon chéri ?

Catastrophe ! La caisse de Lego m'échappe et dégringole dans un boucan épouvantable. Il y en a partout, même sous mon lit.

C'est alors que Maman apparaît sur le seuil de ma chambre. Elle fronce les sourcils et me dit :

– Qu'est-ce qui se passe ici ? Il y en a du désordre ! Tu me ranges tout ça, Nicolas, et ensuite, je t'aiderai pour tes devoirs.

Elle s'éclipse en vitesse, et me revoilà seul, face à une montagne de Lego, avec une furieuse envie d'envoyer promener mes devoirs.

CHAPITRE 4

Un nouveau copain

J'en ai marre d'être un-petit-garçon-bien-sage ! Dès le lendemain matin, Maman recommence à se vanter.

– Mon petit garçon est courageux. D'autres, à ta place, Nicolas, auraient pris prétexte de ce mal de ventre pour rester à la maison une journée de plus. Je suis très fière de toi. Tu as compris que c'est ridicule de perdre une journée de classe.

N'importe quoi. Je n'ai pas compris ça du tout. Je lance un regard noir à ma mère par-dessus mon bol de chocolat, mais elle ne le voit pas. Elle m'adresse un sourire rayonnant puis elle claironne :

– Vite, vite, tout le monde ! J'ai une réunion super-importante, ce matin.

Papa est déjà prêt. Lui aussi paraît content de me voir debout. Alors, je me dépêche de finir mon petit déjeuner et je les rejoins dans l'entrée.

Nous partons pour l'école. En chemin, Maman me glisse un regard légèrement inquiet :

– Tu es sûr que tout va bien, Nicolas ?

– Hum, hum, dis-je.

Bien sûr, je ne vais pas bien du tout. Je suis très en colère contre eux qui ne devinent rien. Papa fait des plaisanteries débiles et Maman rigole doucement. À deux reprises, elle s'inquiète encore pour moi. Mais son regard signifie : IL – FAUT – QUE – TU – AILLES – BIEN – NICOLAS – PARCE – QUE – J'AI – UNE – RÉUNION – SUPERIMPORTANTE.

Alors moi, je prends la tête de tout-va-pour-le mieux. Mais au fur et à mesure que nous approchons de l'école, la colère bouillonne encore plus fort en moi.

Et voilà la garderie. Je passe le seuil de la grande salle et qui je vois, bien installé sur les coussins comme un gros paresseux ? Baptiste Lelouche. Il m'adresse un regard narquois et, quand je m'approche du bac des bandes dessinées, il me dit :

– Alors, Nicolas, tu vas prendre ton petit déjeuner ?

– Hein ?

– Ben oui, paraît que tu manges du papier, alors comme tu te jettes sur une BD, je me dis que tu pourrais bien la manger !

Je hausse les épaules. Qu'est-ce qu'on peut répondre à de pareilles idioties ?

Je choisis un Tintin : *Objectif Lune*, et aussitôt, je vois une fusée sur la couverture, ce qui me fait penser à mon horrible réveil.

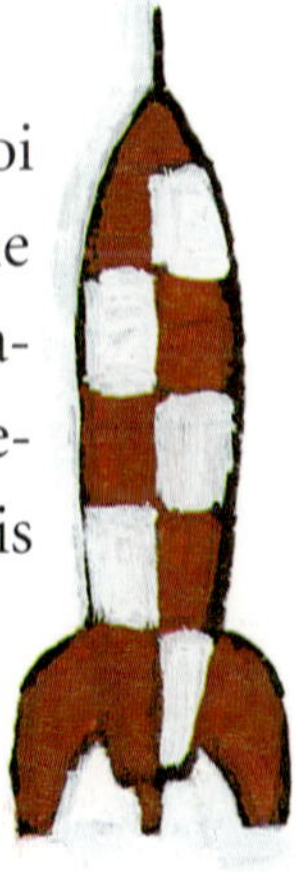

Alors je referme la BD et je m'affale moi aussi dans un coin des coussins. Je me sens désespéré. Vraiment. Le coup d'avaler une formule n'a pas marché. Je resterai un imbécile toute ma vie. Je ne suis pas du tout un phénomène comme mon oncle Adrien. Et en plus, il me reste deux années entières à aller à la garderie.

Je suis tout près de pleurer quand j'entends la dame de la garderie me demander :

– Tu ne lis pas, Nicolas ? Tu es malade ?

Je lève la tête en fronçant les sourcils. J'ai très envie de lui crier que JE RÉFLÉCHIS. Mais au moment où j'ouvre la bouche, elle se tourne vers Baptiste qui est plongé dans *L'Île Noire*, et elle lui désigne un dessin représentant Milou aux prises avec une chèvre.

– Eh bien, claironne-t-elle d'un petit air satisfait, le voilà en mauvaise posture ton Milou, hein Baptiste ?

Baptiste s'arrache à sa lecture et il regarde la dame avec l'expression du parfait ahuri, puis il fait :

– Bêêêêêê !

Je manque de m'étouffer de rire. D'habitude, je m'oblige à ne pas rire aux plaisanteries de Baptiste, mais là, c'est plus fort que moi. La dame de la garderie paraît très vexée. Mais elle se contente de hausser les épaules et elle nous laisse dans notre coin. Je ris toujours en sourdine. Baptiste s'en aperçoit et, jusqu'à ce que la cloche sonne, il bêle comme un dingue.

Dans la cour, quand je rejoins mes copains, j'ai mal aux côtes d'avoir tant rigolé.

Pour une fois, Martin est en avance.

– Qu'est-ce que t'as ? me demande-t-il.

Entre deux éclats de rire, je lui explique ce qui s'est passé à la garderie. Martin rigole à son tour. Puis les autres arrivent, et ils nous demandent pourquoi nous rions. Alors, de nouveau, nous leur racontons les exploits de Baptiste. Enfin, c'est l'heure de rentrer en classe et pour la première fois depuis que je vais à l'école, je me sens en pleine forme.

La leçon de maths ne se passe pas trop mal. J'essaie de faire attention aux opérations mais, à chaque fois que je repense à Baptiste, je glousse en silence derrière ma main. Après les maths, la maîtresse nous lit une fable d'un bonhomme qui s'appelle Jean de La Fontaine. C'est l'histoire d'un bœuf et d'une grenouille. Au début, je ne comprends pas grand-chose, parce que c'est écrit en vieux français,

mais la maîtresse nous explique la fable à sa façon, et ainsi c'est beaucoup plus drôle.
Je suis en train de me demander si les bœufs meuglent comme les vaches, quand soudain, j'entends mon nom.
– … à Nicolas qui me paraît être dans la lune, ce matin !
Toute la classe a les yeux braqués sur moi et la maîtresse semble attendre une réponse de ma part. Alors, je ne sais pas ce qui me prend, vraiment, ça sort tout seul de ma bouche. Je fais :
– MEUHHHHH !
Cette fois-ci, tout le monde éclate de rire, sauf la maîtresse, bien entendu, qui devient rouge de colère. Elle crie :
– NICOLAS !
Et aussitôt, le silence retombe sur la classe. Les élèves se retournent face au tableau, à part Lucien Toiture qui m'adresse une grimace. La maîtresse me dit de venir la trouver au moment de la récréation. Je dis oui, d'accord, et je baisse la tête.

•••

Je suis puni.
La maîtresse m'a demandé ce qui se passait, pourquoi moi, qui suis si sage d'ordinaire, je me suis comporté de la sorte. Je ne savais pas quoi lui répondre, alors j'ai étouffé un bâillement dans ma main pour lui montrer que j'étais fatigué, et elle m'a laissé aller dans la cour après avoir poussé un long soupir de désespoir.
J'ai la fable du bœuf et de la grenouille à copier trois fois pour demain. La barbe ! Je vais y passer un temps fou.
Alors me vient une nouvelle idée : je ne ferai pas ma punition.

CHAPITRE 5

Même pas mal !

Je n'ai pas fait ma punition. N'importe quoi, vraiment ! Une punition pour un simple petit cri de bœuf !

À la place, j'ai construit des puits de pétrole avec mes Lego. Comme la moquette de ma chambre est jaune foncé, j'ai installé un désert géant. Et après, j'ai placé mes puits de pétrole à différents endroits. Maintenant, il me reste à construire des avions pour les méchants qui vont canarder mes puits de pétrole. Maman est toute contente parce que je lui fiche la paix. Elle dit que je suis sage.

Quand elle m'appelle pour que j'aille prendre mon bain, je viens juste de lancer une roquette sur mon avant-dernier puits. Tous les avions des méchants se sont écrasés. Il y a un sacré carnage dans mon désert.

Le soir, pendant le dîner, Papa me demande si j'ai passé une bonne journée. Je repense à la bagarre qui vient de se dérouler dans ma chambre, et je lui dis :

– Ouais, une superbonne journée.

Mais au moment où je vais me coucher, Maman gâche tout. Elle regarde le spectacle de ma moquette avec une expression furieuse :

– Qu'est-ce que c'est que ce bazar ? me demande-t-elle, tandis que je me débats avec ma Game Boy, à plat ventre sur mon lit.

– Attends, je ne peux pas te répondre, dis-je en serrant les dents, les flics sont à ma poursuite.

– QUOIIII ??? s'exclame Maman. Mais enfin Nicolas, qu'est-ce qui te prend ? Quel est ce langage ? Explique-moi un peu, d'accord ?

– Oohhh ! je crie. Et voilà !

– Quoi, voilà ?

J'éteins ma Game Boy d'un air furibond.

– J'ai perdu ma mission, dis-je à Maman.
– Quelle mission ? Qu'est-ce que c'est que ce jeu ?
– C'est euh… C'est Baptiste qui me l'a prêté.
– Baptiste qui ?
– Ben, Lelouche. Je connais que lui comme Baptiste.
– Mais, il n'est plus dans ta classe ! s'écrie Maman.
– Non, mais il est à la garderie, dis-je d'un petit ton satisfait.
Maman me dévisage comme si j'étais un Martien.
– Je ne tiens pas à ce que tu joues avec Baptiste, commence-t-elle.
– Pourquoi ? On est les deux seuls grands à la garderie, je te signale.
Aussitôt Maman devient toute rouge. J'espère qu'elle se fait une idée de ce que j'endure, chaque matin, à rester à la garderie avec les minus.
Mais alors que je me crois sauvé, alors que je l'entends déjà m'annoncer que, bon, d'accord, puisque c'est comme ça, je n'irai plus à cette garderie de malheur, elle soupire et déclare :
– En attendant, tu vas me ranger cette chambre.

Ranger, et puis quoi encore ?
– Je ne peux pas détruire mon désert, dis-je d'un ton boudeur. Le combat vient juste de commencer.
– Nicolas, s'il te plaît, c'est un ordre, m'assène Maman.
Et elle referme la porte d'un coup sec.

•••

Je n'ai rien rangé du tout et, ce matin, je surprends dans le regard de Maman une expression que je ne lui connais pas. Quelque chose dans le genre : IL – Y – A – UN – MYSTÈRE – DANS – LA – VIE – DE – MON – FILS – MAIS – JE – VAIS – LE – DÉCOUVRIR.

La voiture de mes parents me dépose devant la garderie où je pénètre tout content à l'idée de bien rigoler avec Baptiste.

Il est déjà là, justement, et je lui demande des tuyaux pour le jeu qu'il m'a prêté.

– Eh ! s'exclame-t-il, je vais pas tout te dire à l'avance !

Toutefois, comme il se croit toujours plus malin que les autres, il ne résiste pas à l'envie de m'apporter quelques trucs et j'ai hâte d'être à ce soir pour les mettre à profit.

Quand la fin de la garderie sonne, nous sommes toujours absorbés dans notre discussion. Nous sortons dans la cour et Baptiste me donne un indice supplémentaire. C'est à ce moment-là qu'apparaît Lucien Toiture, les mains enfoncées dans les poches de son pantalon. Il s'approche de nous et fait d'abord semblant de nous écouter. Puis, tandis que je lève la tête vers lui, prêt à lui dire de déguerpir, il sort une main de sa poche. Une main remplie de confettis jaunes et roses, qu'il essaie de me fourrer dans la bouche :

– Eh, Papier ! s'écrie-t-il, qu'est-ce que tu penses de ce repas-là ? Je l'ai préparé spécialement pour toi.

Aussitôt, mon poing part comme une fusée et s'écrase sur la joue de Lucien qui s'écroule par terre. J'en profite pour recracher ses saletés de confettis, mais Lucien se relève et se jette de nouveau sur moi. Me voilà par terre à mon tour, et nous roulons tous les deux dans la poussière. Bientôt, un groupe de garçons nous entoure, nous encourageant l'un et l'autre.

J'attrape une poignée de cheveux de Lucien et je m'y cramponne de toutes mes forces, tandis qu'une voix terrifiante nous ordonne de nous relever.
Par-dessus la tête de mes copains, j'aperçois le visage courroucé de Mlle Carne.
– DEBOUT ! nous crie-t-elle.
Dès que nous sommes en position verticale, Lucien et moi, Mlle Carne nous saisit chacun par une oreille et elle nous secoue comme un prunier. Plein de confettis tombent de nos cheveux. Mlle Carne nous conduit vers le bureau de la directrice.
La sonnerie vient de retentir. Au loin, j'aperçois Martin qui arrive. Je ne peux pas lui faire signe, mais lui me voit. Il pose son cartable et agite le bras d'un air de dire : « Ça va barder ! »

CHAPITRE 6

Écoutez-moi !

En effet, ça barde. Lucien et moi écopons d'un supersermon, et de l'ordre de revenir ce soir dans le bureau de la directrice, avec nos parents qui vont être convoqués.

Nous retournons dans notre classe sans dire un mot. À notre entrée, les élèves, déjà installés, se tournent vers nous d'un air curieux. La maîtresse leur ordonne de regarder le tableau, puis elle s'adresse à moi d'un ton sévère :

– Je crois que je t'avais demandé un travail supplémentaire, Nicolas. Veux-tu me l'apporter ?

Je dis oui, d'accord, et je commence à fouiller dans mon cartable. Bien sûr, je ne trouve rien de ce que

la maîtresse attend. Alors je me relève et, dans le silence de la classe, je dis :
– Je l'ai oublié à la maison.
Des élèves ricanent. La maîtresse ne ricane pas, elle. Elle hoche la tête et me dit :
– Nous verrons ça plus tard. Maintenant, au travail. Lucien, tu viens au tableau.

•••

Cette journée a été épouvantable. Je croyais que mentir et faire l'imbécile ne m'apporteraient que des satisfactions, eh bien, pas du tout. Avant, ma vie était moins drôle, mais beaucoup plus calme.
La seule chose qui me rend heureux dans tout ça, c'est que je ne suis plus un-petit-garçon-bien-sage-à-sa-maman. Je me sens comme la plupart de mes copains et ça, ça vaut bien les quelques ennuis que j'ai récoltés. Le seul problème, c'est que mes parents vont être furax et, en plus, je suis grillé auprès de la maîtresse. À présent, elle va m'avoir à l'œil.
J'en suis là de mes réflexions quand Martin vient me rejoindre dans la cour, juste après la cantine.

– Qu'est-ce qu'ils vont dire, à ton avis ? me demande-t-il d'un air ennuyé.

– Qui ?
– Ben, tes parents.
– Ah oui, mes parents. Oh ! ils vont sûrement se mettre en colère et, euh... je ne sais pas. Me priver d'un truc. Télé, ou Game Boy, ou vacances. J'en sais rien.
– Remarque, t'aurais pas dû te battre contre Lucien. Tout le monde sait bien qu'il cherche que ça, la bagarre, Lucien.
– Ouais, d'accord, mais je pouvais quand même pas le laisser me faire avaler ses confettis, hein ?
– Exact, dit Martin. Et au fait, pourquoi tu mangeais du papier, l'autre jour ?
– Ah oui, le papier ! dis-je.

Comment faire ? Comment expliquer à Martin que je voulais imiter mon oncle Adrien et que j'avais l'intention, en mangeant deux ou trois formules, de devenir un supersavant. Je ne peux pas expliquer ça à Martin, ni à personne d'autre, d'ailleurs. Alors je dis :

– Je sais pas.

– Tu es bizarre, Nicolas, me fait remarquer Martin. Tu ne dis jamais quand les choses t'embêtent.

– Comment ça ?

– Ben oui. Regarde l'autre jour, à la cantine, tu as mangé tes frites sucrées. Moi, à ta place, j'aurais dit à la surveillante que j'en voulais pas des sucrées.

– J'ai pas osé, j'avoue en baissant la tête.

– Ah ! fait Martin. Pourtant, t'as osé te battre contre Lucien !

Je lis une certaine admiration dans son regard. Se battre contre Lucien, il n'y en a pas beaucoup qui osent, dans l'école, c'est vrai. Alors, je me dis que, finalement, ce ne doit pas être si difficile de dire à ma mère ce que je pense vraiment.

•••

– Je ne veux plus aller à la garderie.
– Quoi ? s'écrie Maman tandis que nous sortons de chez la directrice.
Papa n'a pas pu se libérer et elle a dû se coltiner des réflexions désobligeantes sur mon compte. Maman est tout simplement furax. Mais alors qu'elle cherche les clefs de la voiture dans son sac, elle relève la tête et me considère avec curiosité.
– Pourquoi ? me demande-t-elle doucement.
Je ne sais pas si sa question concerne mes bêtises de ces jours derniers ou le seul problème de la garderie. Mais tant pis, je me lance. Je lui dis en bloc que j'en ai marre qu'elle me croie parfait, parce qu'il y a plein de choses que je déteste, comme : mon abruti de réveil, les maths, l'ordre dans ma chambre, qu'on m'oblige à démolir mon désert, Mlle Carne, et surtout, LA GARDERIE. Et aussi, qu'on m'empêche de rigoler avec Baptiste Lelouche.
Pendant que je lui déballe tout ça, Maman ne bronche pas. Elle n'a pas les larmes aux yeux, ni rien de ce genre, alors que je m'imaginais lui faire de la peine en allant contre sa volonté. Seulement

voilà, je suis un garçon qui ne ressemble à aucun modèle. Je suis Nicolas. Je suis moi. Est-ce que Maman peut comprendre ça ? je me demande avec inquiétude.

Maman m'adresse un petit sourire :

– Je ne te vois pas grandir, s'excuse-t-elle. C'est vrai que tu as passé l'âge de la garderie. Je l'ai compris hier.

– Quand ça ?

– Quand tu m'as dit que Baptiste et toi étiez les seuls garçons du même âge.

Elle m'adresse un nouveau sourire.

– Je veux bien céder sur ce point, décide-t-elle, mais tu devras m'attendre à la maison, le soir, sans faire d'âneries ni passer ton temps devant la télé. D'accord ?

– D'accord, dis-je.

– Autre chose, ajoute Maman tandis que nous montons dans la voiture.

– Quoi ? je demande, un peu inquiet.

– Tu prétends ne pas aimer les maths, n'est-ce pas ?

– Je déteste.

– Très bien. Alors, je te propose une chose. En fait, je connais quelqu'un qui va te faire aimer les maths à la folie.

– Ah oui ? Qui ça ?

– Ton oncle Adrien. Je vais lui demander de te donner des cours. Tu sais qu'à ton âge, il avait horreur de l'école. Et regarde un peu ce qu'il est devenu !

En mon for intérieur, je souris. Si mon futur professeur est Adrien, alors c'est d'accord. Parce que, à mon avis, il a un supersecret pour devenir supersavant en un rien de temps. Et son secret, je me charge de le lui arracher.

– Que penses-tu de mon idée, Nicolas ? me demande Maman.

– Je suis d'ac. Complètement d'ac, dis-je.

Et cette fois, c'est moi qui souris.

300, rue Léon-Joulin,
31101 Toulouse Cedex 1, France.

Loi 49-956 du 16 juillet 1949
Dépôt légal n° 3122 : 2e trimestre 2002
ISBN : 2-7459-0605-4
Imprimé en France
par Fournié